세상의 시작

서시상의 시작

초판 1쇄 인쇄 2013년 10월 1일
초판 1쇄 발행 2013년 10월 5일

지은이 박민정
펴낸이 金泰奉
펴낸곳 도서출판 띠앗
등 록 제4-414호

편 집 박창서, 김주영, 김수정
마케팅 김명준, 양은지
홍 보 김태일

주 소 (우143-200) 서울시 광진구 구의동 243-22
전 화 (02)454-0492(代)
팩 스 (02)454-0493
이메일 ddiat@ddiat.co.kr
홈페이지 www.ddiat.co.kr

ISBN 978-89-5854-096-0 (03810)

세상의 시작

박민정 시집

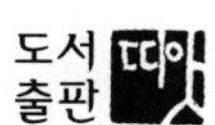

| 시인의 말 |

가난하던 우리들의 어린 시절, 삼양동 극장의 큰 기둥을 친구 삼아 동생들을 돌보던 꼬마는 벌써 중년의 나이에 접어들었다.

학창시절 꿈도 많았지만 고생하는 어머니의 눈물과 동생들을 위해서 수많은 직업을 가졌다. 꿈같은 세월이 흘렀고 꼬마는 그리워하고 있다. 늘 가슴속에 묻어둔 막연한 글을 쓰고픈 그리움에 펜을 잡는다.

글을 쓰는데 꼭 필요한 많은 지식들이 부족해 답답함을 느끼지만, 언제나 '나는 할 수 있다'는 생각에는 변함이 없다. 늦은 나이지만 이 시집을 출발로 좋은 글을 써 보고 싶다.

그동안 살아오면서 우리들이 겪었던 모든 일들이 글 쓰는데 길잡이가 될 것이라고 나는 믿는다. 부족한 지식은 배움으로 채우고 아직도 순수한 열정이 창작이 되기를 기원하며….

| 목차 |

2

3

4

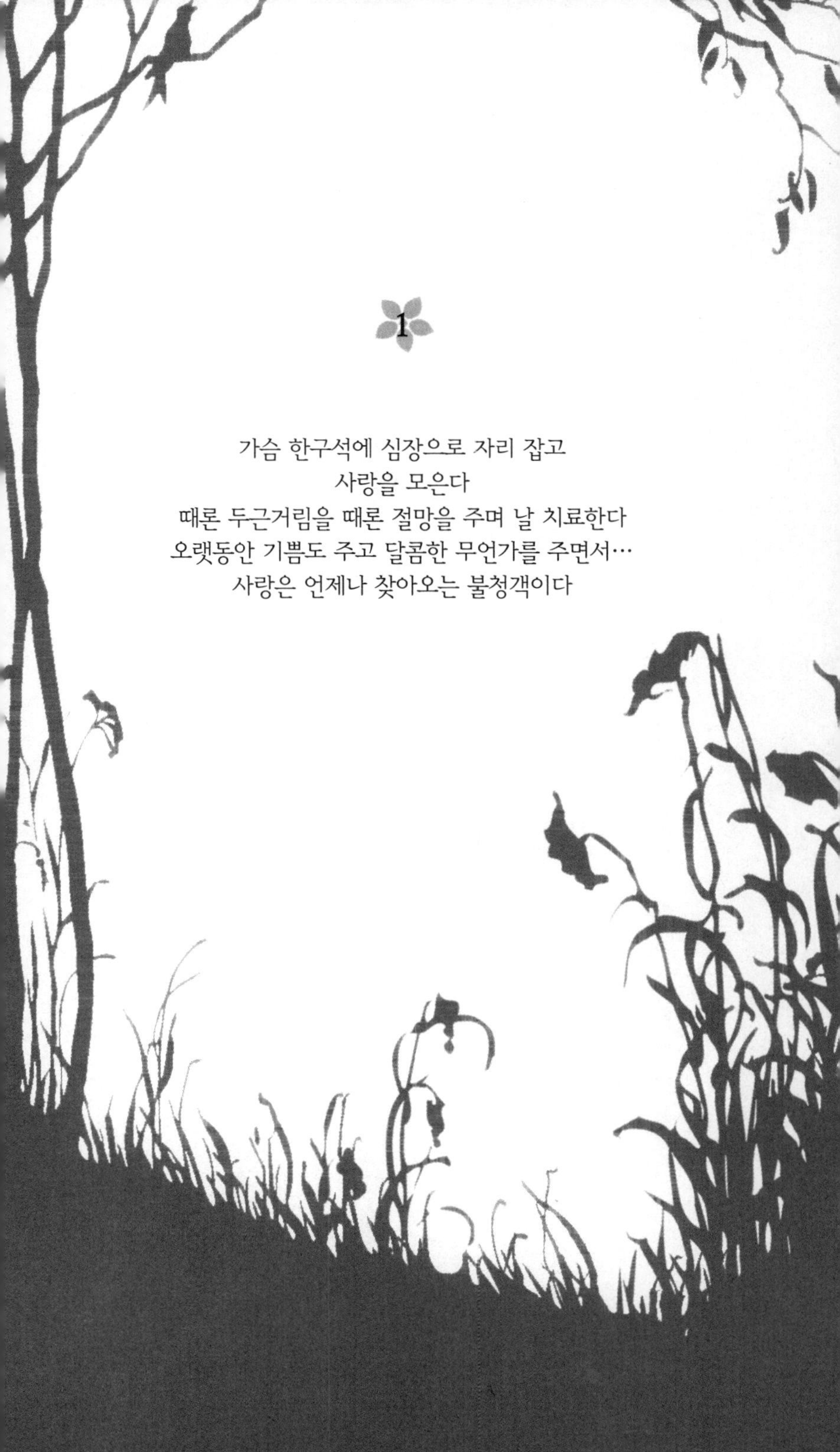

1

가슴 한구석에 심장으로 자리 잡고
사랑을 모은다
때론 두근거림을 때론 절망을 주며 날 치료한다
오랫동안 기쁨도 주고 달콤한 무언가를 주면서…
사랑은 언제나 찾아오는 불청객이다

겁쟁이

잠 못 이루는 시간이 길어지면
외로운 하루는 더 서글프다
세상과 담 쌓은 나의 적막함은
고요한 나라의 기러기 같다
세상은 어둡고 나의 외로움은 더 어둡다
엿가락처럼 긴 시름은 매일 밤 날 기다리고
세상을 향한 나의 의심은
네모난 상자 속에 날 가둔다
누군가 그리워 마음은 못 박히고
세상 누구와도 섞이지 못한 겁쟁이로 날 만든다

수놓은 사연

수없는 인연이 날 아프게
떠나간 님들이 날 여물게
덧없는 세월은 하늘을 베었다
파란 구름 속 이야기들은
몽롱한 맘처럼 하늘을 가른다
이야기 속 주인공이 날 부르고
푸르른 보따리로 다리를 놓았다
하늘을 오르는 해와 달처럼
수놓은 종이 한 장 사연을 날리고
흩어지는 먼지 속에 추억을 부른다

소낙비

소낙비 오는 소리가 날 부른다
세찬 바람과 천둥을 동반한 빗소리는
내 맘속 영혼을 깨웠다

감미로운 음악 속 반주가 창문을 타고
흐르는 빗물은 슬픔을 태웠다

거리로 나서는 영혼들을 반기며
소낙비는 내린다

한적한 거리에 적막이 요란하게 지붕을 때렸다
투명한 우산 위로 물방울은 뒹굴고
차가운 얼음처럼 날 찾았다

고향의 모습

동구 밖 고목나무에 저녁노을이 걸렸다
황금빛 노을이 곱기만 하다

앞마당 누렁이는 하품을 머금고
뒷마당 항아리들은 고운 빛깔을 뽐낸다

고목나무 위의 부엉이는 동구 밖을 지키며
장터에 나간 어머니를 마중한다

고향의 저녁은 고즈넉하기도 하다

텃밭의 채소들은 이슬을 머금고
아버지의 괭이는 자리를 잡았다

세상의 시작

흐릿한 구름 사이로 햇님이 떠오른다
어둠은 물러가고 아침이 오는 소리다
붉은빛 도는 동쪽을 바라보며 피곤함을 느낀다
거리의 차 소리를 벗 삼아 하루를 시작하고
오고 가는 사람들의 무리 속에 끼어든다
도란도란 이야기 소리가 정겹고
지하철 정적 소리도 활기차다
도시의 아침은 세상에 시작을 알린다

숲 속에서

산속에 물소리가 들린다
졸졸졸 낭랑하게 들리는 소리가 청량하다
숲으로 이어지는 물길 따라 내 맘도 떠났다
시원한 바람이 머리를 가르고
종알대는 새소리는 즐거움을 선물했다
수박 한 덩이 베어 문 입가에는 미소가 번지고
굽이굽이 오솔길 흙을 밟으며
산속에 묻어둔 여름향기를 가져왔다

카라멜 인생

달콤함이다. 나의 하루는
그렇게 바라고 바란다
한 구절 빛나는 글을 남기고
아름다운 노래를 부른다

나의 오늘은 카라멜이다
가슴 뭉클한 사연을 남기고
사랑하는 이들의 희망이 되어본다

나의 하루는 실로폰이다
무지갯빛 음악을 연주하는 즐거운 일상들
푸르른 채소와 빠알간 사과
나의 하루는 행복을 만든다

하이얀 도자기 속에 이야기를 담고
내일을 만드는 나의 하루는
인생 바로 그것이다

새벽녘 바람

바람이 분다
높다란 굴뚝이 흔들린다
세찬 바람 소리와 나뭇가지 소리
어두운 산길에 부엉새 두 눈이 나무에 걸리고
지붕 위 새 둥지의 어린 새도 두려움에 떨었다

바람이 난다
구름 속으로 바람이 떠난다
바람 속으로…

문풍지 흔들리는 다그닥 소리에
아이들의 마음속 어둠은 잠을 깨우고
까아만 바람은 길을 떠났다

거품 인생

인생은 거품이다
뭉글뭉글 올라오는 비눗방울
흩어지면 담을 수 없는 그런 허무함

인생은 수증기다
뭉글뭉글 올라오는 하얀 수증기
흩어지면 사라지는 그런 허무함

시간의 움직임 속에 멀어지는 신기루
잡으려 하면 맴돌다 흩어지는 그런 허무함
인생은 허물어지는 모래성이다

어두운 곳에 너

어두운 그곳에 널 보내고
날마다 이슬어린 너의 눈을 보며
한 어린 웃음에
하루가 가고…
한 달이 가고…
기다리는 아픈 널 보며
안타까운 마음 전할 수 없다
쇠창살 어두운 그곳에 너를 보내고
미라처럼 창백한 널 보면서
어두운 맘 다 접고
내일을 기다린다

고사리 손의 아픔

다섯 살 먹은 꼬마는 동생을 업었다
극장의 커다란 기둥에 힘겹게 기대고
버티려 용을 쓴다
오고가는 행인들 안타까움을 자아내고
행여 엄마 손 잡은 또래의 아이들을
눈망울 굴리며 부러워한다
갓난 동생은 속절없이 쉬를 하고
꼬마는 찬물에 손을 담갔다
호 호 불어가며 빨래를 하는
아이의 세상은 큰 아픔으로 다가온다

그 여름의 추억

계곡의 차가운 물소리는 서늘하다
모닥불 불씨는 한 가닥 희망을 전하고
삼삼오오 짝지은 텐트 속
아이들은 두려움을 느끼고
여름밤 어둠은
계곡을 씻어내린다
멀리서 들려오는 기타 소리에
계곡의 물소리는 흐느끼고
우리들도 흐느낀다
차가운 여름날의 추억은
바람에 흔들리고
아련한 기억속의 아픔을 끄집어냈다

내장산에서

내장산 중턱에 자리 잡은 소나무 황토방
소나무 향기 솔솔

고구마 식혜 한 사발에 즐거움을 더하고
정겨운 사람들이 넉넉히 다가온다

숯 굽는 냄새에 고향을 느끼고
차가운 공기는 마음을 활짝 열었다

시골의 풍경은 정겹고
가벼운 여행의 기쁨 속에 삶을 느낀다

이별 향기

아메리카노 향기가 날 부른다
그 사람과 웃으며 찻잔을 기울이던
그 카페에서 난 그날을 기억한다

세상의 모든 연인들이 그러하듯
우린 이별했다

아픔도 잠시뿐
난 그날의 기억을 추억으로 삼았다
창밖에 감나무가 하늘을 찌른다
꼭 내 맘처럼…

아메리카노 향기가 내 사랑을 닮았다
식어가는 커피 잔을 바라보며
내 사랑도 차가워져 간다

이별을 준비했다
아픔은 잠시 커피 향기를 가슴에 담았다

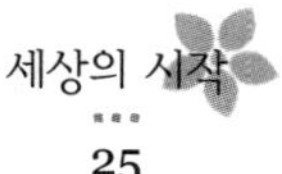

겨울 바닷가에서

겨울 바닷가 바람이 내 얼굴을 때렸다
파도는 하얀 거품을 내뿜고
얼음처럼 차가운 바다를 나에게 보냈다

메아리치는 파도 소리와 내 서러운 사연을
바닷물 깊은 곳에 던져 버렸다

파도 소리가 들린다
시원한 무언가가 가슴에 머문다
가슴이 열린다
마음이 열린다
겨울 바다가 열린다

공허한 마음

눈 비비고 하루를 시작하며 시간을 나눈다
허공을 바라보다 글을 읽고 티비를 본다
운동화 끈 바로잡고 걷다가 옛일을 회상하고
저녁노을 밟으며 여인의 상처를 떠올린다
그리운 님 보고픔을 가슴에 담고 강바람에
서러운 마음 털고 떠다니는 별과 함께
집으로 향했다

높은 곳을 향하여

친구야!
지금 고통이 상처로 남는 거라 생각할 때
또 다른 인생이 다가온다

우리가 아파한 시간만큼
새로운 세상이 펼쳐진다
어릴 적 기억 속에 어른들의 세상이
부러움의 대상이면
이제는 철모르던 그때가 내 꿈이 된다

친구야!
언제나 따스한 마음으로 널 향할 때
난 언젠가 세상의 중심에 오를 거라 믿어보자

내 가슴이 모든 걸 용서하고 미움이 없어질 때
우린 커다란 산이 되고 바위가 되어
저 하늘 높이 날아오른다 생각하자

비 내리는 날

가로수 나무 위로 떨어지는 빗줄기는 외로움이다
음악을 듣고, 추억에 잠기고, 옛일을 회상하고
불어나는 빗물에 내 인생을 기억하고
나무 위로 떨어지는 빗소리도 요란하다
싸늘하게 내리는 빗소리는
누군가의 살 속으로 파고들었다
쏟아지는 빗줄기는 그리움에 페이지를 넘기고
누군가의 상처 속에 자리 잡았다

필름 속 인생

인연을 받아온 바구니는
엎어지고
사랑을 띄우는 연은
구름 뒤로 사라지고
삶의 징검다리는
퐁당! 퐁당!
푸른 하늘나라 친구들이
시간을 굴리고
황금에 물들은 청춘들은
줄다리기를 한다
바쁘게 돌아가는 필름 속
한 장면 또 한 장면이
우리 인생이다

가난한 그 시절

멀리서 종소리가 들린다
새벽 미사를 알리는 종소리다
어머니는 누우런 봉투를
아이들의 머리맡에 올려놓았다
성탄절 선물을
계란 하나 알사탕 두어 개 연필 한자루
준비하시며
어머니는 눈물을 흘리셨다
천진한 아이들은
엄마의 사랑을 아는지 모르는지
눈깔만큼 큰 사탕을 굴리고 또 굴린다
어머니는 사나흘 배고픔에 눈물 흘리고
성당의 성수를 마시며
기도하고 또 기도하셨다

향락의 거리

네온이 아름답다
형형색색 불빛에 취한다
어둠을 반기려 거리로 나왔다

소리치며 웃는 사람
사랑하는 님과 이별하는 사람
사랑을 속삭이는 사람
모두들 어둠을 밝히려 거리로 나왔다

인형집 불빛은 환하게 비추고
아가씨들의 하이힐 소리도
박자를 맞춘다

음악 소리 요란한 거리는
새벽을 마주하고 아쉬운 여운을 남기며
아침을 맞이한다

목장의 아침

음메 음메 파아란 풀소리가 들린다
목장에 들려오는 피리소리 말굽소리
잔디 위에 구르는 어린 양들의 휘파람소리
평화로운 그림 속 이슬은 나무 가지가지 떨어졌다
뒤집어진 풍뎅이의 하루는 서글프고
팅커벨 날개소리 구슬픈 목장의 아침은
하얀 구름이다

봄날의 풍경

음메 음메
달구지 송아지의 하루는 힘겹고 고되다
봄은 찾아오고
민들레 냉이 캐는 아주머니 마음에도
산들산들 바람이 분다
산 너머 강물 저편에서 봄내음이 올라오고
정자에 모인 할머니 할아버지 탁주 한 사발
묵 한 점 나누며 이야기하고
봄을 심는 사람들의
손놀림은 바쁘게 돌아간다
살며시 떠다니는 봄내음은
희망의 출발을 알린다

2

핑크빛 우산은 바람에 날리고
내 마음은 잔잔하게 설레인다
골목길 모퉁이에서 달콤하게 묻어나던
그 아이의 입술이
어제처럼 생생하게 전해져 온다

두 개의 사랑

두 개의 사랑을 믿나요?
저울로 달아도 똑같은 무게의 사랑
사랑의 방식은 달라도 변하지 않아요
두 개의 사랑은 아픔을 동반하네요
공평함을 나누려 저울의 추는 기울지 않아요
두 개의 사랑이 존재하는 건
각기 다른 방식의 사랑이랄까
두 개의 사랑은 영원히 변할 줄을 모릅니다

인생의 동반자

인생의 동반자… 그가 말했다
우리는 인생의 동반자라고
내 짝이 아닌 그가
내 인생의 동반자가 되려 한다
영원할 수 있을까?
친구로 가족으로 무엇으로도
항상 내 곁에 남을 그 사람을
난 사랑한다
연정이 아닌 다른 색깔의 사랑이지만
내 가족과 더 큰 사랑으로
평생을 함께 하려 한다
세상에는 수많은 사랑이 존재하지만
내가 지키려 하는 이 사랑을
난 운명이라 말하려 한다

우리들의 소녀 시절

포장마차에 도란도란 모여 앉은 친구들은
오랜만에 이야기를 풀어놓았다

아침에 바쁘게 식탁을 차리고
청소기를 돌리고
저녁 찬거리를 준비하고
친구들은 약속장소로 모였다

자유의 시간이다
아이들과 가족들을 뒤로한 채
비로소 엄마가 아닌 여자의 시간을 가졌다

고운 자태는 모두 사라졌지만
소녀 시절의 찬란함을 간직한 채
농구부 아이들을 응원하던
그 모습 그대로
순수한 열정이 남았다

여름날 분숫가에서

한여름에 솟아오르는 분수는
시원함을 맘껏 누리게 한다

한 줄 한 줄 모여서 물줄기 되고
하늘을 향해서 솟아오르는
시원함이 가슴을 열게 한다

아이들은 분숫가에 모여서
물장난 놀이에 시간 가는 줄을 모르고
어둑어둑 해질녘까지 물장구친다

어린 시절
놀이동산 커다란 분숫가에서
그 신기함을 가슴에 담고
솜사탕을 돌리며 깔깔거리던 그애가
아이들 물놀이 구경꾼으로
이 여름의 태양을 달래고 있다

산 깊은 곳에서

산에서 불어오는 바람은
가슴까지 통하게 한다
복잡한 도시를 떠나서
산속 한가운데 날 데려다 놓았다
가슴을 열고 공기를 마시며
즐겁게 노래를 한다
새들도 따라서 종알종알 메아리를 한다
푸르른 하늘은 내 눈을 맑게 하고
멀리서 들리는 계곡의
물소리는 마음까지 흐르게 한다
선녀와 나무꾼 주인공처럼
푸르른 날개옷 만들고
새처럼 바람처럼 머무르려 한다

시인이고 싶습니다

시인이고 싶습니다
시인이 되고자 합니다
내 삶의 일부를 말하고 싶습니다
어린 시절 동산에 올라가 즐겨하던 백일장처럼
사람들이 즐겨 보는 시를 쓰고 싶습니다
아름다운 사랑을 말하고
뒹굴고 뛰노는 아이들의 천진함을
어려운 사람들의 인생을 그려보려 합니다
난 시인으로 살아가려 합니다

로라장

긴 머리에 음악을 가르며
돌고 도는 아이는
내 친구다

로라장 한가운데
둘 둘 셋 모여서
박수를 보내는
빙빙빙 재주넘는 아이는
내 친구다

음악이 감싸고
바람이 노래하는
빛나는 아이는
내 친구다

디스코가 흐르고
스텝은 빠르게 돌아가고

사과 빛 아이의 두 뺨에
땀방울이 흐른다

빙빙빙 돌아가는 로라에
우리들의 젊음도
함께 춤춘다

가을의 풍경

노오란 단풍잎이 거리에 뒹군다
은행 잎 하나 두울
나뭇가지에 남겨진 잎들도
주홍빛 연지를 바르고 춤추듯 휘날리는
바람 속으로 길을 떠났다
추억하는 사람들의 여행지는 한 곳을 향했다
가을의 끝자락을 붙잡고
초겨울의 스산함을 느낀다
가로수마다 앙상한 가지를
색색의 단풍잎이 나란히 줄 맞추고
추억하는 연인들의 거름이 되었다

야시장

야시장 불빛은 언제나 설레임을 준다
야광을 뽐내며 막대기를 흔들고
먹자거리의 바비큐 냄새는 우리를 불러 모았다
공기총, 인형 집…
천 원짜리 수북한 바구니가 넘쳐나고
여기저기 흥에 취한 사람들로 가득하다
아이들은 신기한 눈망울을 굴리며 몰려다니고
그 옛날 곡예사를 대동하던 정겨움은 사라졌지만
아직도 야시장의 풍경은
우리들의 환상을 불러 모았다

지옥의 하루

여기가 지옥이다
하루하루가 숨 막히고 괴로운
여기가 지옥이다

세상은 뒤집히고 물살기는 회오리치고
고통은 날 찌르고 날 짓누른다
악귀들은 자신들의 이득만을 추구하고
더 가지려 더 밟으려
두려운 세상
더러운 세상
지옥 한 자리는 내 삶이다

후벼진 상처 속에
고름이 자라고
뼈가 썩어서
고통의 웅덩이로 날 떠다밀었다

남도의 풍미

따스한 온돌방의 고소한 냄새
육전의 향기가 허기를 부르고
시원한 동치미 살얼음이 동동동 춤을 춘다
남도의 풍미가 느껴지는 시간이다
자그마한 돌솥에 기름진 쌀밥
토하젓 한 수저가 궁합을 맞추고
남도의 정겨움에 한껏 빠져들었다

찹쌀떡 소녀

어느 겨울날 찹쌀떡 외치며
동네를 누비던 그때가 그립다
동네 상점들을 돌고 또 돌며
찹쌀떡! 찹쌀떡!
얼음 손 후후 불어가며
즐거워하던 그때가
꿈꾸던 학창 시절이었다
호프집 구석에 옹기종기 모여 앉아
재잘대던 친구들도 스쳐간다
저 멀리 들려오는 찹쌀떡 소리에
오랫동안 잊고 있던
그 옛날 기억들이 살아난다

첫사랑

이슬비 내리는 여름날이었다
스쿨버스 정거장 앞에서
그 아이를 기다린다

핑크빛 우산은 바람에 날리고
내 마음은 잔잔하게 설레인다

골목길 모퉁이에서
달콤하게 묻어나던 그 아이의 입술이
어제처럼 생생하게 전해져 온다

순수했던 그 시절
여린 시간들이
아련한 추억으로 다가온다

천상의 그림들

천상의 소리가 들린다
아름다운 꽃길과 파랑새의 노랫소리
내가 그리는 천상에는
눈처럼 하얀 페가수스가 날 태우고
발목까지 올라오는 파아란 물속에서
모두들 공놀이를 한다
여기저기 낮은 나무에는 앵두도 복숭아도
한 가지에 주렁주렁 손만 내밀면
한 손에 들어오는 그런 세상이다
사람들은 핑크빛 가운을 입고
저마다 행복한 미소를 머금고 있다
강아지도 말을 하고 새들도 말을 하며
온 천지에 구름을 방석으로 내어주고
모두가 행복한 세상
그곳이 내가 그리는 천상이다

봄비 속의 바람

비가 내리나 보다
봄비 오는 소리다
비가 내리나 보다

창 너머 들려오는 바람소리
뚝! 뚜욱 딱
빗방울 떨어지는 소리는 날 흔든다
차가운 겨울은 지나고 봄이 오는 소리다

비가 내린다
바람이 분다

새벽녘 빗소리에 가슴을 내민다
빗방울 떨어지는 소리에
사랑도 흐른다

시화전

어느 가을날 축제
시화전이 열렸다

네모난 판넬 속에
그림을 그리고 살다가
못다 한 말들을 적으려 한다

피지도 못한 인생을
줄줄이 되짚어보고
활짝 핀 꽃처럼
시 속에 인생을 펴본다

줄 맞춘 판넬들 속에
무수한 이야기가 실리고
한 자 한 자 열매가 성글다

사랑도…
이별도…

아픔도…

즐거움도…

판넬 속 이야기들로 가득하다

재롱 잔치

재롱잔치가 열렸다
아이들의 웃음소리가 청량하기만 하다
피아노 반주의 낭랑한 목소리가
내 마음을 사로잡고
둘둘 셋 넷 짝지어 빙글빙글 경쾌하기만 하다
꾀꼬리 같은 아이들의 독창이 이어지고
엄마들의 합창소리도 너무나 훌륭하다
선생님들의 토끼놀이에 아이들은 즐거워하고
아빠들의 카메라는 바쁘게 돌아간다
자랑스런 아이들을 바라보면서
예쁘게 피어나는 희망으로
가슴속 뜨거움이 자리한다

아지랑이 향기

어느 봄날의 아침은
나에게 희망으로 다가온다
들에도 산에도 바구니 하나 가득
푸르름을 안기고 모락모락
올라오는 아지랑이 연기도
내 사랑만큼 모습을 드러냈다
진돗개 한 마리가 아이들과 햇살을 나누고
소리 소리 봄 오는 소리에 탄성을 지른다
들에는 풀피리 소리가 고요히 퍼져 나가고
푸근한 정겨움이 마을에 찾아왔다

영덕의 겨울

기다란 다리가 단풍 색으로 변하고
십여 년 긴 세월에 박달대게로 거듭난다
영덕의 겨울은 대게들의 축제로 밝아온다
어부들의 어이어차 구령소리 속에
부둣가 상인들의 경매는 시작되고
입안에 녹아드는 대게의 살들이
저무는 석양 속 술잔을 기울이게 한다
시원한 영덕의 바닷바람이
겨울의 기행을 마중한다

한 해를 보내고

햇살이 밝다
창틈으로 넘어오는 눈부심은
빛나는 초겨울에 깨끗함을 느낀다
무언가 벗어 버린 듯한 가벼움
할 일을 끝낸 고즈넉한 한가로움을 즐긴다
한 해를 달려온 나에게 햇살 따스함은 고요다
차가운 겨울이 오면
햇살도 바람 속에 감춰질 것이다
얼굴을 내밀고 창가 햇살을 반긴다
따사로운 햇님의 보석 같은 반짝임 속에
내 한 해를 뒤돌아본다

초봄의 설악

초봄의 설경에 가슴이 얼었다
울산바위 끼고서 하얀 서릿발이
매서운 겨울의 풍경을 남겼다
낙산사 너머로 다가오는 아침은
겨울의 여운을 남기고
미시령 안개 속 구름은
몽롱한 미련을 떨쳐 버렸다
초봄의 설경은 겨울의 끝을 알리고
차가운 마음속 길을 떠났다

소녀의 아픔

눈망울 커다란 소녀는 아빠를 기다린다
아픈 소녀의 마음을 아빠는 모른 채
알사탕 한 봉지를 가슴에 안긴다

서글픈 하루를 눈동자 속에 담아서 이야기를 하고
어린 동생의 저녁을 챙기며 소녀는 하루를 보낸다

엄마를 그리워하는 소녀의 마음을
아빠는 모른 채
하루가 가고
한 달이 갔다

어른이 되어 버린 소녀는
아빠도 엄마도
기억 속에 커다란 상처로 자리 잡았다

외로움

서글퍼지는 밤이다
베개를 안아도 보고 굴려도 본다
한밤중에 속삭이는 나뭇가지 소리도 들린다
창 너머로 이야기하는 바람소리도 들린다
거리의 차 정적소리도 서글프다
잠 못 이루는 새벽은 커다란 고통으로 날 찾았다
문풍지 한 장에 밤을 그리고
찌그러진 달님과도 이야기한다

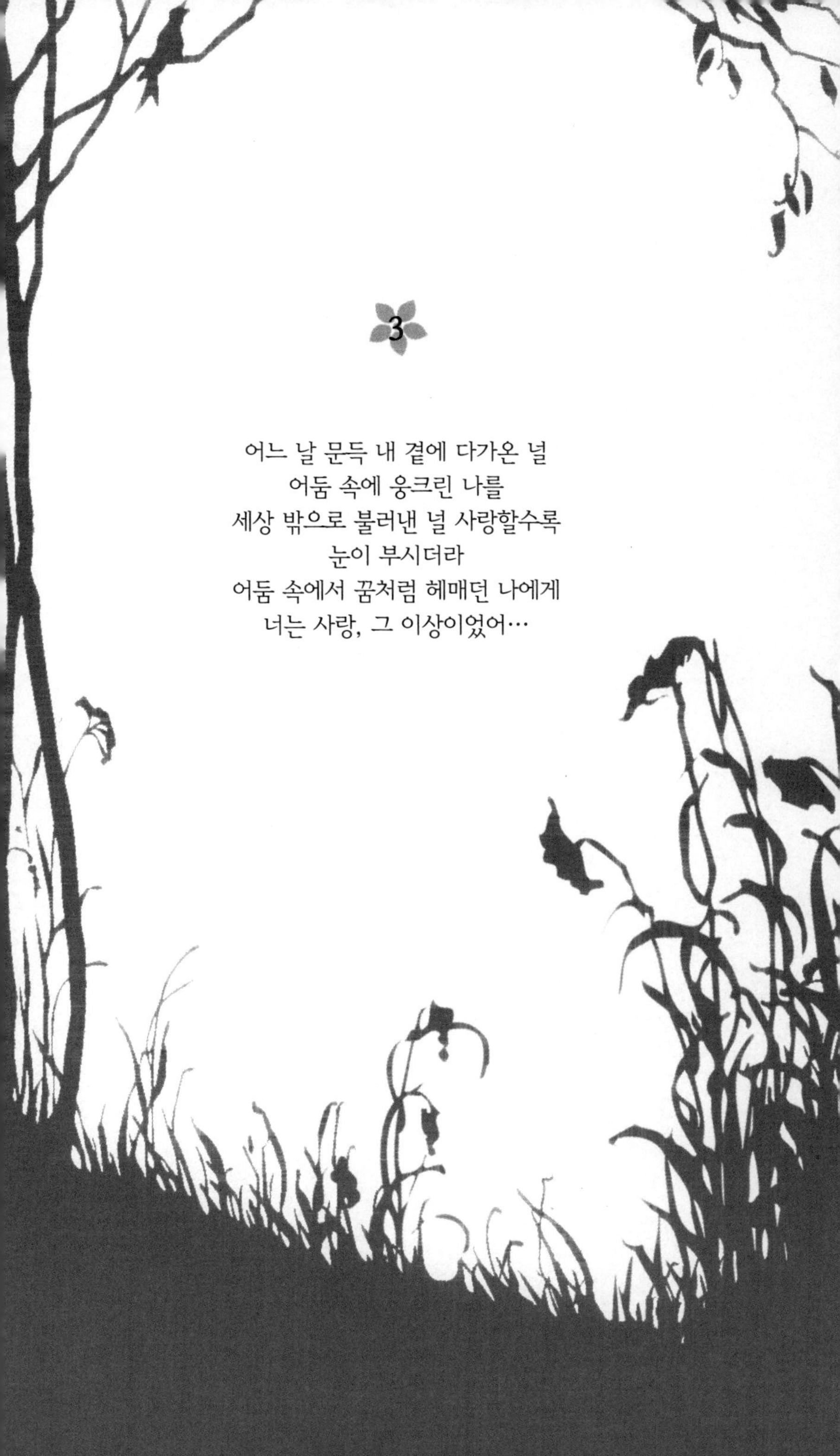

3

어느 날 문득 내 곁에 다가온 널
어둠 속에 웅크린 나를
세상 밖으로 불러낸 널 사랑할수록
눈이 부시더라
어둠 속에서 꿈처럼 헤매던 나에게
너는 사랑, 그 이상이었어…

봄의 느낌처럼

초봄의 향기가 가득하다
여기저기 나물 캐는 바구니로 흥들이 절로 난다
냉이를 캐고 쑥을 다듬고
밥상 가득 봄나물의 정겨움이 차려진다
쑥개떡 시루에 하얀 김이 모락모락 올라오면은
엄마의 손길이 빨라지고
아이들의 행복은 잔잔히 퍼져 나간다
봄내음에 취하고 아이들의 동심에도
도화지 크레파스를 춤추게 한다

솜사탕

솜사탕 향기가 달콤하다
민트 향기와 복숭아 향이 설레임을 부른다
동그란 솜사탕 공장이 호기심을 선물하고
아이들의 자그마한 행복을 나누어본다
고사리 손에 솜사탕은 녹아들고
푸르른 하늘은 무지갯빛 풍선으로 가득하다
파아란 하늘과 아이들의 호기심은
달콤한 향기를 전해온다

별장에 추억을 남기고

꿈 많은 소녀들이 모였다
하얀 건반이 모두의 부러움을 자아낸다
엘리자를 위하여 연주가 시작되고
처음 보는 풀장에 모두들 몸을 담근다
별장이라는 이름의 친구의 집은
우리 모두를 꿈속으로 끌어들였다
두어 시간 자전거를 타고서 집으로 향하는
소녀들의 마음은 별장에 남았다
자정이 되어도 부모님의 회초리가 겁도 안 난다
모두의 마음은 별장에 있다
수영복도 없던 그 시절
파아란 풀장이 환상을 준다

영원한 친구

돌아보면 가슴 아프고
곁에 있으면 즐거워지는
그런 사람입니다

그와 함께 걸어온 어린 시절도
그와 함께 걸어온 고뇌의 시간도
모두가 그리운 추억입니다

늘 누군가와 함께 했지만
그의 자리는
채울 수 없는가 봅니다

기쁜 날도 슬픈 날도
그의 목소리는
나의 영혼이 됩니다

세상이 끝나는 날까지
내 인생의 마지막까지 그 사람은
나와 함께 합니다

화분에 젖은 비

봄비가 내리고 있다
테라스에 젖어 있는 화분의 꽃잎은
이슬을 머금고 또르르 힘겹게 굴러 내린다

차가운 바람과 시원한 빗소리는
내 가슴을 열리게 하고
사람들의 추억을 끄집어 내렸다

커피 향기와 시집 한 권을 읽으며
창문 너머 저 소리를 가슴에 담는다

핑크빛 우산을 돌리며 봄비를 맞이하던 꼬마는
테라스의 빗소리를 반기고 반긴다

그 사람의 향기

그 사람의 향기
그 사람의 냄새
색깔이 분명한
오이 냄새 분유 냄새
시큼털털한 담배 냄새
어린 시절 엄마의 분가루 냄새는
좋은 향기로 기억에 남는다
아빠의 스킨 냄새는
여자들의 로망으로 남았다
향에 민감한 나는 향수를 사양한다
누구나 지니고 있는 색색의 향기를
기억할 뿐이다

널 사랑하며…

오랜 시간을 친구로 함께 하다
어느 날 문득 내 곁에 다가온 널
연인으로 사랑하고 희망이 생겼어
어둠 속에 웅크린 나를
세상 밖으로 불러낸 널 사랑할수록
날 아끼게 되었지
날 사랑해야 널 사랑할 수 있으니깐
눈이 부시더라
새로운 인생이…
누군가를 위하는 마음도
사랑의 힘으로 생겨나는
그 무엇이랄까
어둠 속에서 꿈처럼 헤매던 나에게
너는 사랑, 그 이상이었어

그리움

포도밭 서리에 나섰다
양동이를 조심스레 굴리고 굴려보니
엄청난 포도를 담았다
어디선가 목청 높여 소리치는 주인아저씨
팔 올리며 삼포로 가는 길 삼창을 했다
인심 후한 아저씨의 체벌은 너무도 가볍다
맘 졸이며 성취한 보람처럼
아궁이의 포도 향기도 달콤하다
경산의 포도밭 아저씨는 내 친구다
그리움에 취하고 포도 향기에 취하고
경산의 포도밭은 아름다운 내 추억 속 설레임이다

군산 기행

군산의 가로수 길은
벚꽃 향기로 은은하다
분홍빛 향기가 퍼지고
가슴에 담아온 메아리는
소리 없이 봄을 부른다
오랜 시간 낡은 건물들은
어렵던 시절 아련함을 기억한다
8월의 크리스마스 한 장면을 떠올리며
훈훈한 인심 무국 한 사발을
말아먹고 길을 떠났다

하얀 나라

하얗게 포장한 바위들이
앙상한 하얀 가지들과
어깨를 나란히 한다
시야에 들어오는 저 산 너머에는
하얀 사람들이 살고 있을까?
창문 너머로 펼쳐지는 겨울 풍경은
내 맘을 흔든다
차가운 겨울을 대변하듯
소양강 강물도 얼음이 되었다
투명한 얼음 속 강물이 거울이 되고
산에서 불어오는 차가운 바람은
겨울 사람이 되었다
한겨울 풍경은 나를 흔들고
외로운 사람들의 길잡이가 되었다

흐르는 인생사

비가 내리나 보다
그리운 사람들에게 수화기를 들어본다
아픔을 나누려…
사연도 줄줄이 이야기를 피운다
미움도 사랑도 빗소리에 흘린다
인생이란 정답 없는 시험지라 했던가?
시시때때 변하는 게 우리들 이야기다
창 너머 불어오는 비바람도 언젠가 멈춘다
사연 많은 우리들도 비처럼 흐른다
그리운 사람들의 이야기도 흐른다

멀어지는 세월 속에

맘에 차지 않는 게 인생인가 보다
세월은 속절없이 지나가고
우리들의 아이들은 성인이 됐다
살면서 수많은 사람들이 스쳐갔고
난 아주 멀리 와 있다
상처뿐인 삶을 행복이란 단어로 포장한다
내가 가장 사랑하는 나!
누구도 나보다 더 사랑할 수 없는 나의 이기심
점점 더 사람들을 의심한다
나를 사랑하면 할수록 외로움은 더해 가고
멀어지는 세월을 바라본다

전화 벨소리

벨소리를 기다린다
음악 소리를
내가 좋아하는 노래를

이틀이 지났다
울리지 않는다
적막하다
혼자라는 게…

하루를 버티고
이틀을 보내고
내일은 또 찾아오겠지

누군가도 그러하듯
나의 하루는 고요하다
누군가도 그러하듯
아픔이 더하다

방 안에 날 가두고 기다린다
레이첼처럼…
벨소리를 기다린다
음악 소리를…

꿈속에서

스르륵 잠이 든다
다른 세상에 왔다
현실과 꿈속 나라를 넘나들며
피곤한 하루는 계속된다

전혀 다른 환경
전혀 다른 세상에서
나는 남자도 되고
공주도 되고
가수도 된다

때론 호랑이가 되어 숲을 거닐고
때론 페가수스가 되어 하늘을 날아본다

너무도 그립던 그 사람도 날 기다린다
때론 너무나 아쉬워 몸부림치고
때론 무섭고 무서워 몸부림치며 현실로 돌아온다

두 개의 세상을 혼동하며 난 늙어가고
현실에서 이룰 수 없는
무엇도 그곳에서 이루지 못한 채
난 죽음을 맞이하나 보다

생명의 신비함

화분의 새싹은 푸르르다
힘없이 한줄기 올라오더니
어느새 가지를 뻗고 잎을 달아서
무성히 자라난다

지는 잎을 떨구어 거름이 되고
물 한 바가지 생명줄을
버티려 신음을 한다

햇살의 영양을 뿌리에 감추려
고개를 떨구고
푸르른 향기를 전하고 전한다

좁은 공간에 온 몸을 숨기고
답답함을 견디고 참다가 기지개를 펴본다
줄기에 매달려 위로 오르려 하다가
퍼지고 퍼져서 새싹이 됐다

앵두 서리

새벽이슬을 맞았다
주룩주룩 빗님은 속절없이 찾아오고
앵두나무 속 아이들은 나무를 흔든다
후드득 바람에 빠알간 앵두는 흩어지고
아이들의 입술도 앵두를 닮았다
입안 가득 달콤함이 퍼지면
아이들은 재잘거리고
앵두나무 서리에 즐거움을 더한다
바구니 한 가득 앵두를 담고서
우리들의 새벽은 이슬을 맞는다

우리들의 영혼

사랑은 무엇일까?
누군가를 사랑하면 늘 바쁘다
가슴 한구석에 심장으로 자리 잡고 사랑을 모은다
때론 두근거림을 때론 절망을 주며 날 치료한다
굳어진 내 가슴속의 응어리는 혈관을 흐른다
오랫동안 기쁨도 주고 달콤한 무언가를 주면서
나를 지배한다
사랑은 언제나 찾아오는 불청객이다
사랑은 우리들의 영혼이다

꿈꾸는 어린 날

꿈 많은 아이가 있다
책상에 앉아서 일기를 쓴다
다락방 한가득 일기를 모았다

시를 쓴다
겨울이 오면 목도리를 짜고
봄이 오면 쑥을 캐어 개떡을 만든다

수업을 끝내는 종소리가 울리면
아이들을 불러 모아 응원가를 부른다
꿈 많은 아이는 연예인도 되었다
호기심을 만드는 아이는 사랑을 꿈꾼다

흐르는 빗물에

창 너머 흐르는 빗물은 내 상처를 씻어내린다
아픈 추억도 이야기도 흘러내린다
한 방울 한 방울 떨어지는 저 소리는
가슴을 시리게 한다
저며 오는 아픔에 고통을 준다
창 너머 저 소리는 내 영혼에 바람을 부었다
스산한 공기와 바람을 맞으며 인생을 공부한다

분노

밀려드는 허무함에 가슴이 저리고
깊은 곳에서 샘솟는 구토는 울분을 터트렸다
수화기 너머 들리는 그녀의 목소리는
어물전 생선에 비릿한 그 무언가를 주고
세상의 모든 이의 말조차 어둡게 한다
악마의 속삭임은 얼음 조각을 만들고
시름시름 앓고 있는 어둠에
영원한 작별을 고한다

안녕

안녕을 말했다
이제 안녕이라고
이별을 이야기했다

이별이라고
영원을 함께 하고픈 님에게
슬픔을 전했다

안녕이라고…
반짝이는 눈동자로
서러움을 전했다

떠나는 님의 차가운 마음이 아파온다
상처로 기억되는 우리들의 사랑은
먼지로 흩어져 뺨을 때렸다

손수건을 적시며 돌아선
그 사람에게 배시시한 웃음으로
작별을 고했다

어느 여름날에

동해의 푸르름이 눈이 부신다
파아란 파도는 햇님과 함께 줄넘기를 하고
모래 위 조가비는 반짝 인사를 한다
가족과 떠나온 소금강 물줄기는
수박 한 덩이 시원한 행복을 주고
재잘대는 아이들의 놀이가 되었다
비치 공을 날리며 소리를 지르고
차가운 계곡의 물줄기는 친구가 되었다
해안도로 따라서 가슴을 내밀면
삶의 모든 시름을 저당 잡히고 멀리
보이는 바다의 푸르름에 탄성이 나온다
동해의 깨끗함이 동경이 되고
바람소리는 내 벗이 되었다

어린 꼬마를 기억하며

다섯 살 꼬마의 바람은 가족
초등 시절 첫 소풍에
두근! 두근!
멸치 두어 개 둘러메고
환하게 웃는구나
어른이 되어 버린 꼬마는
누비옷 솜처럼 아픔을 접고 또 접었다
중년의 어느 날 꼬마는
어제처럼 선명한 그 기억들을
아지랑이처럼 살포시 꺼내놓았다

4

세상은 하얀 눈 더미 속에 날 덮었다
창 너머 반짝이는 하얀 보석들 속에
내 사랑은 수정이 되었다
마음을 전하고픈 아련함에 창 너머로 달려나간다
하얀 눈을 맞으며 두 손 꼭 잡은 내 사랑은
눈보다 더 하얗다

책장 속의 꿈

내 어릴 적 꿈은
만화방 주인이었다
만화 속 주인공은
내가 되었다

내 친구 캔디
울면 나도 울고
웃으면 나도 웃고
늘 만화 속 주인공이 되었다

내가 어른이 돼서
그 꿈을 이루려 할 때
또 다른 주인공이
날 위해 책장을 넘기게 했다

난 지금도 꿈을 꾼다
새로운 세상의 주인공이 되어
수많은 책 속의 주인공처럼
난 여러 가지 인생을 그리며 살아간다

비 오는 소리

살짝이 찾아온 빗님을 반긴다
밤새 살살살 내린 비는 거리를 까맣게 했다
이정표에 송글송글 빗물은 묻어나고
사람들의 옷깃에도 빗물은 스며든다
창문을 때리며 울리는 빗소리에
가슴까지 저며오고
무언지 알 수 없는 울렁임이 밀려든다
나뭇가지 사이로 주르륵 떨어지는 빗방울도
날 아프게 한다
추억도 기억 속에 지워지고
서글픈 내 맘 한구석에도
빗물은 살며시 찾아왔다

생일

어린 시절 너의 모습을 그려본다
사랑하는 가족들의 행복한 그림
어머님이 널 낳으시고 얼마나 기뻐했는지
오늘은 세상에 네가 울음을 터트린
소중한 그날이구나
사랑받고 살아온 날들이 모두가 소중하지만
오늘은 더 행복한 너의 하루가 기다린다
사랑하는 가족들과 언제나 영원하길…
무지개처럼 아름다운 너의 미래를 밝히며
사랑하는 나의 벗의 생일을
진심으로 축하하마

상처 속의 기억들

부지깽이 들고 호호
고사리 손 시리도록 연탄을 날랐다
행여 불씨라도 꺼질까
어린 맘 동동 구르며 연탄불을 살렸다

엄마 없는 아이의 하루는 서럽기만 하다
골목 모퉁이에서 아빠를 기다리며
아이는 울고 있다

눈물방울이 서리가 되고
어린 동생의 울음소리는 메아리가 되어
아이의 맘속에 가라앉았다

꿈 많던 아이는 어느 날
겨울 추위 속에 바람이 되어 흩어져간다

그 여름의 반항아

계곡에 물소리가 흐른다
한 달 남짓 물속에 몸을 담군다

생필품을 몽땅 챙기고
구멍 난 텐트 안에서 하루를 보낸다
엄마 생각에 눈시울이 따갑지만 잊혀져 간다

기차역 배고픔에 첨 만난 사내아이들
밤이면 모닥불에 옹기종기 모여서 노래를 부른다

두려움도 시들할 무렵
여름방학 마지막 의미도 멀어져 간다

어느덧 그 자리에 또 다른 아이들이
모닥불을 지피고 여름밤 어둠을 노래한다

물 흐르는 대로

한밤중에 메모한다
한 자 한 자 적어 내려가며
마음을 다듬는다
어느 친구가 보내온 성인의 말씀이
맘속 가득 들어온다

물 흐르는 대로 삶이 지속될지 모르지만
흐르는 물처럼 살아야 할까?
성인들의 말처럼 지나는 게
우리들의 인생이라 생각한다
원하는 대로 살 수 없는 게
우리들 숙명이라면
흐르는 대로 받아들이자
그분들 말처럼…

새벽 미사

크리스마스 캐럴송이 울린다
실버벨 실버벨 은은하게 울리는
크리스마스 캐럴과 함께
거리의 반짝이는 네온들이
성탄절을 맞이한다
사람들의 발걸음은
아이들처럼 가볍기만 하다
서로가 선물을 나누며
마음을 주고받고 노래를 하며
거리는 분주하기만 하다
어린 시절 양말을 걸어놓고
산타를 기다리던 노오란 봉투
계란 하나 알사탕 생과자를
엄마의 새벽 성당 미사에
눈 비비고 일어나
앞으로… 앞으로…

여린 꽃잎들

꽃비가 내린다
벚꽃잎 하나 두어 개가 창문에 붙었다
연분홍빛 꽃잎은 바람에 날리고
빗물과 함께 씻겨온 꽃잎들은
흩어져 눈송이처럼 쌓여간다
어여쁜 꽃송이는 스르륵 떨어지고
힘없이 남겨진 송이송이가
화들짝 웃고 있다
여리게 여리게 꽃잎은 가지가지 숨 쉬고
내 맘처럼 외로움을 떨치려
한 가닥 희망을 던진다

영원한 내 사랑

그 사람을 만났다
오랜 시간 날 기다린 그 사람

아직도 날 기다린다 말하는 그 사람의 눈동자
난 사랑한다 그 사람을

아픔을 동반한 우리들의 이별은 끝나지 않았다
가족이라고 말하는 나에게 연민을 보내는 아픈 사람

어린 나에게 영원히 남아준 그 사람
언젠간 돌아갈 나의 영혼

아픈 내 상처를 돌아보게 하는 사람
난 죄인이다 그 사람에게

충고

널 향한 내 맘이
진심으로 다가온 그날부터
우린 가족이 되었다

세상은 혼자서 걸어가기에는
너무도 험하다
누군가 널 지켜준다면
너 또한 소중한 누군가를
지켜야 한다

인간은 두 가지의 맘을 가지고 태어났다지
선한 맘과 악한 맘
교차하는 순간순간 실수를 반복하지만
뒤돌아보면서 살아보자
선한 맘으로

어쩌면 내가 저 하늘 위 천사라 상상하며
어쩌면 나보다 더 약한
누군가를 안타까워하면서

하얀 보석을 맞으며

첫눈을 맞이한다
창가에 하얀 눈발이 날리고
술잔을 부딪치게 한다
건배는 끝날 줄을 모르고
눈송이도 그칠 줄을 모른다
세상은 하얀 눈더미 속에 날 덮었다
창 너머 반짝이는 하얀 보석들 속에
내 사랑은 수정이 되었다
투명한 내 사랑은 맑은 영혼 속에서 자리 잡았다
마음을 전하고픈 아련함에 창 너머로 달려 나간다
하얀 눈을 맞으며 두 손 꼭 잡은 내 사랑은
눈보다 더 하얗다
차가운 바람은 눈꽃을 뿌리며
천진한 미소로 나에게 다가왔다

욕망을 태우며

날 지배하는 욕망은
내 정신을 병들게 하고
내 육체를 탐하고
내 영혼을 흔든다

마음으로 전해지는 실낱같은
욕망은 날 가두고
하이얀 머릿속 느낌 그대로
온 몸으로 퍼져 나간다

아니라 말하고 멈추어 보지만
흐트러진 마음속 욕망은
내 손을 잡았다

유리성 속의 나

혼자라는 거…
찬밥 한 수저의 외로움 !
아웅다웅 없이 리모컨 독차지하고
왠지 더 심심함, 쓸쓸함
창 너머 나뭇가지들도
앙상함이 날 닮은 듯하네
하루가 길고도 긴 건 무엇 때문인지
해 뜨고 해지고 내가 지고…
난 조금씩 시들어간다
주변을 둘러싼 유리성 속에서
오늘도 나를 가둔다

사랑의 정의

서로 존중하고 아니라고 말하는
그 사람의 속삭임을 생각하고
힘들어하는 그 사람을
의리로 함께 하고
가슴을 내어주고
기대고 싶어하면 쓸어안고
난 그런 사랑을 꿈꾼다
서로의 상처를 보듬고
아픔을 이야기하며
함께 하고픈 사랑,
그것이 사랑이다

한낮에 놀이터에서

아이들의 웃음소리가 들린다
까르륵 까르륵
천진한 아이들의 공놀이는
서로의 머리를 겨냥하며 끝날 줄을 모르고
미끄럼틀 한가운데 걸터앉은 꼬마애 하나는
엄마! 엄마! 애달게 소리 지른다

세상에 아무런 미련도 시름도 모르는
아기들의 놀이터는 따사로운 햇살 아래에 빛나고
무지갯빛 구름 사이로
은하수 토끼가 방긋 웃는다

하늘 위에서

살굿빛 향기가 맴돈다
어디서 날아온 달콤한 향기가
코끝을 간질이고
가지가지 탐스런 복숭아들도
노오란 자태를 뽐낸다
주렁주렁 오색 찬란한 보석들이
내 맘을 훔치고
파아란 구름 사이 호박마차 하나가
무지개를 건너고
분홍빛 여인들 치마폭에
금실 은실 가득하고
졸졸졸 흐르는 옥색 강물 건너편
황금빛 배를 띄운다

음악소리 잔잔하고 향기로운 이곳은
우리들의 삶의 끝이다

낙엽 밟는 소리

낙엽 밟는 소리가 들리는 듯하다
사르륵 사르륵 명랑한 그 소리에
발자국을 거닐어 보았다

한 발 한 발 부서지는 낙엽더미 속에서
추억을 소중히 떠올린다

가을의 정취를 온통 들이마시고
옛 사랑의 님을 그리워한다

나무들도 날 기억하는 듯
바람소리 나뭇가지 흔들며
인사를 한다

사르륵 사르륵 낙엽 밟는 소리는
내 가슴을 열리게 하고
먼 기억 속의 님에게도
바람을 띄웠다

세상 누구보다

오랜 친구는 늘 곁에 머문다
아이가 한 명씩 태어나 돌상을 차리면
빛바랜 사진첩 한 귀퉁이에 웃고 있다
오랜 친구는 졸업사진 속 안개꽃을 가리고
울려 퍼지는 합창소리 속에 함께 있었다
사랑하는 내 아이보다 내 님보다
오랜 시간 함께 한 내 친구는
세상 누구보다
더 소중한 내 사람이다

수학 선생님

사랑의 색깔은 무엇일까요?
무지개 색일까요? 핑크색? 빨강?

어느 가을날 수업을 접고
칠판에 사랑의 색을 공부하자며
우리를 설레게 하던 수학 선생님
그분의 쩌렁한 목소리가 그립습니다

한참을 논하던 우리들에게
웃으며 다가오던 그분의 목소리
사랑의 색깔은 검정이랍니다

모든 색을 흡수하는 검정이 사랑의 색이라며
우리를 감동시키던
그분이 정말로 그리워지는 시간입니다

한밤중의 외로움

창 너머 보이는 가로등과 나무는
내 오랜 친구가 되었다
길 가는 행인들이 재잘거리는 소리도
내 친구다
혼자인 나에게 늦은 밤 친구들의 방문은
날 설레게 한다
시끄러운 도로의 자동차 소리도
날 반긴다

언제나 찾아주는 그들의 정겨움에
오늘도 창가를 맴돈다
창가에 우두커니 혼자인 나에게
창 너머 가로등도 나무도 이야기를 한다
오랜 친구들의 정다움이 아픔으로 다가온다

거울 속의 나

거울에 보인다
변해 버린 내 모습이
청바지 위로 울퉁불퉁 올라온
내 살들이 내 인생과 어찌
그리 닮아 보이는지

거울에 보인다
내 얼굴이
홍옥처럼 빛나던 아이는 간데없고
초라한 여인 한 명이 날 보고 있다

거울에 보인 내 얼굴이
지나온 내 인생을 말하나 보다

한밤중의 행복

깊은 밤 깨어나 문득 아이스커피가 생각난다
투명한 얼음을 흔들면
고소한 초콜릿 향기가 맴돈다
이 작은 행복이 얼마나 고마운지…
세상의 부러움이 다 없다

하루를 보내고
잠에서 깨어나 녹아드는 시원함과 달콤함에
유리잔을 마주하고 달님도 반기는 시간
초콜릿 향기에 취해서 난 행복을 느낀다

상처란 지우개

아픔이란?
울렁이는 가슴속에 두근두근
눈가는 이슬로 흐려지고
우리가 담고 가야 할 맘 한 구탱이다

아픔이 자리한 그곳에
상처란 지우개가 함께 있고
기억 저편에는 슬픔이 남아 있고
우리가 간직한 모든 것들이
고통이 되는 것

아픔이란!
숨기려 하면 검고도 검은 그곳으로 떨어지고
지우려 하면 먼지가 되어 사라지는 것

한심한 삶의 마지막

똑같은 일상에 똑같은 삶은 추락한다
변함없는 반복의 시간들

한심한 세월 속에 건강은 멍들고
난 시들어 버렸다

낙오 하는 사람들 무리 속에 내가 있고
멍청한 인생의 마지막 순간에
퍼어런 상처만 자리 잡았다

거무튀튀한 멍울은 날 슬프게 하고
내 영혼은 시들해진다

높다란 담장에 날 가두며
바보 같은 인생의 반복 속에 난 먼지가 된다

| 글을 마치고 |

학창 시절, 글 쓰는 사람이 꿈이었습니다. 무엇을 써야 할지, 어떻게 써야 하는지 몰라도 막연히 진로를 국문학으로 생각했지요. 그리고 사회에 나와서 20여 년 잊고 살았던 그 꿈을 이제 펼치려 합니다.

아름다운 우리말과 풍부한 상상력이 부족해 아직은 글을 쓰는데 어려움이 많지만 오랫동안 준비한 한 줄 한 줄이 이 시집의 페이지를 채웠습니다.

존경하는 김동인 선생님과 양귀자 선생님처럼 누구나 기억하는 작가로 글을 남기고 싶은 게 제 소망입니다.

기성 시인들처럼 화려한 내용은 아니지만 그동안 살아오면서 느낀 느낌 그대로를 표현하고자 했습니다. 제가 가고자 하는 길이 꼭 시인은 아니지만 좋은 글을 쓰고자 합니다.

이 시집을 시작으로 한 걸음씩 나아가 열매를 맺을 수 있도록….